AF338538

TENTATIVE D'ENLÈVEMENT

DES PAPIERS POLITIQUES

DE L'EX-DIRECTEUR

Paul BARRAS.

CONSULTATION

A CE SUJET

PAR M. PIERRE GRAND,

Avocat à la Cour Royale,

Suivie des Adhésions motivées

DE

MM. ISAMBERT, BARTHE, BOURGUIGNON, CHAIX-D'EST-ANGE, NICOD, MÉRILHOU, ROUTHIER, COFFINIÈRES, ODILON-BARROT, RENOUARD, FRANQUE ET BERVILLE.

PARIS.

DELAFOREST, LIBRAIRE, PLACE DE LA BOURSE,
RUE DES FILLES-ST.-THOMAS, N°. 7;
DELAUNAY, PALAIS-ROYAL;
WARÉE, PALAIS DE JUSTICE.
1829.

CONSULTATION.

Le Conseil soussigné, consulté sur les faits ci-après, est d'avis des résolutions suivantes :

FAITS.

Barras, qui reprit Toulon, vendu aux Anglais par la trahison; qui, dans la journée du 9 thermidor, sauva une multitude de victimes réservées au supplice; qui, le 13 vendémiaire, garantit la France des désastres qui la menaçaient; qui, le 18 fructidor, sut faire de nouveaux sacrifices pour conserver et consolider la liberté; qui devina le génie militaire de Bonaparte, mais non pas son insatiable ambition; Barras, ex-directeur de la république française, est mort le 29 janvier 1829, à onze heures du soir, dans son hôtel, rue de Chaillot, N°. 70.

Le lendemain, 30 janvier, M. Pinart, juge-de-paix du premier arrondissement de Paris, assisté de son greffier, se présenta pour apposer les scellés sur les papiers de l'ex-directeur Barras, et montra au soussigné et à son frère, amis du défunt, une lettre de M. Jacquinot-Pampelune, procureur du Roi. Cette lettre, en date du 15 juillet 1825, mentionnait que le Ministre de la justice (alors M. Peyronnet) ayant appris que M. Barras était très malade, et sachant qu'il avait entre les mains des papiers du gouvernement, *et notamment des lettres autographes émanées de Louis XVIII*, avait donné pour instruction à M. le procureur du Roi de faire apposer les scellés, quand le moment serait venu, sur tous les papiers de Barras qui pourraient intéresser le gouvernement.

Ainsi, c'était en vertu des instructions du garde-des-sceaux, transmises par M. le procureur du Roi, que M. Pinart se présentait pour apposer les scellés. Le soussigné demanda à M. Pinart s'il se croyait lié par un ordre qui datait de quatre années, et qui émanait du dernier ministère, tombé sous le poids de la réprobation générale. M. le juge-de-paix, tout en montrant les formes de la politesse la plus exquise, déclara qu'il persistait à remplir sa mission. Dès-lors, le soussigné lui remit, au nom de la veuve de l'ex-directeur Barras, toutes les clés des meubles, et assista à la recherche qui fut faite des papiers de Barras. M. le juge-de-paix ayant trouvé dans la chambre de l'ex-directeur, ainsi que dans un cartonnier de sa bibliothèque, des lettres datées de la république, les plaça dans des cartons sur lesquels il apposa les scellés. Procès-verbal d'apposition des scellés fut dressé et signé par Mme. veuve Barras, par le frère du soussigné et par le soussigné lui-même. Il fut mentionné dans ce procès-verbal que Mme. veuve Barras s'opposait, comme légataire universelle, à ce que les scellés fussent apposés sur les meubles et effets de la succession.

DISCUSSION.

De ces faits résulte la question de savoir si l'apposition des scellés sur les papiers de l'ex-directeur Barras doit être considérée comme un acte légal, ou au contraire comme un attentat coupable.

Et d'abord, la législation autorise l'apposition des scellés, 1º. en matière criminelle ; 2º. en cas de faillite ; 3º. après décès.

Le Code d'instruction criminelle, articles 36, 38, 39, 87, 88, 89 et 90, règle ce qui est relatif aux scellés, en matière criminelle.

Le Code de commerce, articles 449, 450, 451, 452 et 453, est relatif aux scellés en cas de faillite.

Et quant aux scellés après décès, il en est mention dans le Code de procédure civile, articles 908 et suivans, jusqu'à l'article 940.

Pour justifier l'apposition des scellés sur les papiers de Barras, on ne peut se fonder sur aucun des articles du Code d'instruction criminelle, ni du Code de commerce, puisqu'ils n'ont d'autre but que d'acquérir la preuve d'un crime ou d'un délit par les papiers ou autres pièces et effets en la possession du prévenu (art. 36, Cod. inst. crim.), ou de conserver les intérêts des créanciers ; or, dans l'espèce, il ne s'agit ni de crime, ni de délit, ni de créancier, ni de failli.

Reste donc le Code de procédure. Suivant l'article 911 de ce Code, le scellé peut être apposé à la diligence du ministère public dans trois cas.

1°. Si le mineur est sans tuteur, et que le scellé ne soit pas requis par un parent.

2°. Si le conjoint, ou si les héritiers, ou l'un d'eux sont absens.

3°. Si le défunt était dépositaire public ; auquel cas le scellé ne sera apposé que pour raison de ce dépôt et sur les objets qui le composent.

Dans l'espèce, il n'y a point de mineurs, et le conjoint étant institué légataire universel, M. le juge-de-paix a reconnu lui-même que, *pour ces deux motifs*, il n'y avait point lieu à apposer les scellés. Est-ce donc en vertu du numéro 3 de l'article précité que l'apposition des scellés a été faite ? Si tel est le prétexte, il faut avouer qu'il ne résiste pas même à la plus légère attention. En effet, depuis le jour où un soldat ingrat déchira le pacte constitutionnel de sa patrie, et porta le coup de mort à la liberté qui l'avait tiré du néant, Barras, invariable dans ses opinions, n'a accepté de fonctions d'aucun gouvernement. On ne peut, on ne doit donc voir en lui que l'ex-directeur de la république française, c'est-à-dire le citoyen revêtu de la première magistrature de son pays. Or, évidemment, un magistrat, un directeur, n'est point un dépositaire public, un agent comptable, car *le dépositaire est celui à qui un dépôt a été confié ; le dépôt est ce qu'on donne en garde à quelqu'un,* et rien de ce qui peut être estimé matériellement n'avait été remis à la garde du directeur, ne lui avait été confié, si ce n'est la liberté des citoyens qu'un soldat enleva à la baïonnette, comme une redoute ennemie.

Le dépôt public, dit Merlin, *est celui qui est fait entre les mains d'un officier public, à raison de ses fonctions.*

D'où il résulte qu'un courtier, un greffier, un huissier, un notaire, ont bien le caractère de dépositaires publics. Mais certes, il n'en était point ainsi, je le répète, des directeurs. Revêtus du pouvoir exécutif, et assistés par des ministres responsables, on ne peut pas plus les considérer comme dépositaires publics qu'aucun chef de gouvernement. Leurs cartons forment donc des propriétés particulières, et non pas des archives sur lesquelles l'État puisse avoir aucun droit.

Ne trouvant dans nos codes aucune règle de droit, aucun texte qui ait pu autoriser l'apposition des scellés sur les papiers de l'ex-directeur Barras, dans la journée du 30 janvier 1829, il faut bien conclure que cette apposition de scellés est illégale et attentatoire au droit de propriété.

Dira-t-on, comme dans l'affaire de Cambacérès, que Barras *paraît* avoir conservé des pièces qui n'étaient entre ses mains qu'à raison de fonctions publiques dont il a été revêtu ? Que ces papiers appartiennent à l'État et doivent rester en sa possession ?

Je répondrai alors, avec une feuille qui, ce me semble, a bien compris la question (*Journal des Débats* du 2 février 1829), que le gouvernement pourrait ainsi, s'il le voulait, assister à l'inventaire de tous les préfets, maires, juges, etc., car ces places sont des fonctions publiques, et il paraîtra toujours, quand on le jugera bon, qu'ils ont eu entre les mains des pièces appartenant à l'État.

D'ailleurs, il faut toujours en revenir au principe.

Le droit accordé au ministère public d'ordonner dans certaines circonstances l'apposition des scellés est un droit rigoureux, extraordinaire, qui, pendant un laps de temps donné, suspend le droit de propriété et le met en interdit; il faut donc le restreindre dans ses limites et empêcher tout empiètement, car là commence l'abus. Ainsi, qu'on renonce à traduire les mots *dépositaire public*, de l'article 911 du Code de procédure, par ceux de *fonctionnaire public*. Loin qu'il y ait analogie, il est impossible de ne pas reconnaître la divergence la plus complète.

Il faut encore remarquer que, quelque coupable que fût la mesure du ministère à l'égard de la succession de Cambacérès, elle le fut encore moins que celle qui vient d'être adoptée à l'occasion de la succession de Barras. L'article 1er. de l'ordonnance de Peyronnet, relative à la succession de Cambacérès, commettait, en effet, M. Rozières, maître des requêtes, pour assister à la levée des scellés, apposés après décès du duc Cambacérès sur les papiers qui étaient en sa possession, afin de se faire remettre toutes les pièces sans aucune description. Il y avait bien là assistance et confiscation illégales; mais cette double illégalité commençait seulement à la levée des scellés. Ici, au contraire, le vice réside dans l'apposition même des scellés. Les conséquences sont les mêmes; mais il y a plus de hardiesse encore dans le nouvel attentat que nous signalons comme un des plus dangereux qui puissent menacer l'ordre social.

Et qu'on ne s'effraie pas des mots sonores et ambitieux de *papiers du gouvernement*, inventés par l'arbitraire, pour s'immiscer avec déloyauté et perfidie dans les plus secrètes pensées des hommes qui ont quelque consistance politique ; aujourd'hui les citoyens comprennent leurs droits et ne se paient plus de mots. Il faut donc dire ce qu'on entend par ces mots : *papiers du gouvernement.*

Les pièces placées sous la main du secrétaire du Directoire, par exemple, étaient bien des papiers du gouvernement d'alors, du gouvernement directorial, mais par quelle métamorphose sont-elles devenues tout d'un coup des papiers du gouvernement royal selon la Charte ?

Les pièces adressées à Barras isolément constituent-elles des *papiers du gouvernement*, ou bien ne doit-on donner ce caractère qu'aux pièces soumises officiellement au Directoire exécutif ?

Mettra-t-on sur la même ligne les correspondances, les rapports, les titres originaux et les copies ?

Qui prononcera de l'arbitraire ou de la loi ? Sans contredit, c'est l'arbitraire, si la loi est muette. Or, aucun texte de loi n'est cité. Il faut donc faire justice de cette perfide association de mots : papiers du gouvernement, dont l'arbitraire seul peut tirer avantage.

Que l'audacieux M. Peyronnet, en 1825, voulant renouveler sur la succession de Barras le scandale de la monstrueuse usurpation déjà commise sur celle de Cambacérès, ait donné ordre d'apposer les scellés sur les papiers de Barras *quand le moment serait venu*, il n'y a pas là sujet de s'étonner ; mais il est plus difficile de concevoir comment en 1829, sous l'empire de l'ordre légal sans cesse invoqué par le ministère, une injonction illégale, une mesure arbitraire et inquisitoriale de Peyronnet a pu être approuvée et ordonnée par Monseigneur le garde-des-sceaux Portalis, ou sanctionnée par son silence, et mise à exécution comme aux beaux temps de l'administration déplorable. Il faut reconnaître qu'ils ont gravement compromis la dignité royale, ceux qui ont violé ouvertement la loi pour s'emparer d'une prétendue correspondance de Louis XVIII, qu'ils disent se trouver dans le portefeuille d'un directeur.

Eh quoi! Il n'y a donc pas de prescription pour l'arbitraire. Quoi! c'est après quatre années qu'on s'empresse de mettre à exécution l'ordre d'un ministre déchu, ordre attentatoire aux principes les plus respectables. Et on ne trouve rien qui s'oppose à sa sanction, ni le respect dû à la propriété, ni la paix des familles, ni la sécurité publique! Mais où donc s'arrêtera-t-on, si après quatre années, les colères et les délires de Peyronnet sont exécutés comme des lois?... Encore quelques pas dans cette carrière du bon plaisir, et je vois les citoyens opprimés par les ordres de Richelieu ou de Robespierre qu'on exhumera des cartons où ils sont ensevelis pour les raviver et leur donner une destinée nouvelle. La conséquence découle naturellement du principe: il y a même motif de décider en faveur de l'obéissance imposée par les volontés tyranniques de ceux que je viens de citer, et on sait si elles étaient équitables, si elles étaient justes! On sait comme elles s'inquiétaient de la prospérité du pays!

Malheur à nous, si l'on s'accoutume ainsi à chercher des armes dans l'arsenal des ministères passés, qui peut en fournir contre tous nos droits et toutes nos libertés les plus chères.

Cette cause n'est point seulement celle de Barras, elle intéresse encore le pays tout entier. Il n'y a point une famille qui n'ait à s'effrayer de ces perquisitions qu'un pouvoir capricieux entreprend après la mort du chef de famille. Pourquoi un tombeau qui s'entrouvre est-il toujours le signal de ces étranges investigations?

Depuis le 18 brumaire jusqu'à 1829, c'est-à-dire depuis trente ans, les différens ministères qui se sont succédé ne devaient-ils pas s'adresser directement à l'ex-directeur Barras, pour lui faire leurs réclamations s'ils en avaient de légitimes à présenter?

On craint donc la voix des vivans puisqu'on attend le silence de la tombe?...

Ne pourrions-nous pas demander à ces hommes, animés d'un zèle indiscret et imprudent, qui les a initiés dans les mystères des correspondances? Ils parlent de lettres de Louis XVIII; mais, qui leur a dit que l'ancien directeur de la République en eut entre les mains? Et quand il en existerait, comment ces lettres auraient-elles cessé de faire partie de la propriété légitime et privée de Barras? Qui vous a donné le droit de les confisquer? Voulez-vous donc vous emparer de toutes les collections d'autographes? Il est des citoyens qui conservent précieusement des lettres de Henri IV, de Louis XIV, de Louis XV. Avec le système qu'on cherche à faire prévaloir, pourquoi les portefeuilles qui les contiennent seraient-ils à l'abri des réclamations ministérielles? On va soutenir sans doute que ces lettres appartiennent à l'État comme *papiers du gouvernement*. On comprend où peuvent mener de pareilles prétentions!

Revenant à des idées plus saines, il faut que le pouvoir reconnaisse que des lettres du Roi ne sont pas des papiers du gouvernement; car le Roi n'est pas le gouvernement.

Il réside dans la royauté, la Chambre des Pairs et la Chambre des Députés. Disons-le hardiment, il y a à-la-fois ici inconvenance, audace et illégalité. Il y a plus, il y a maladresse et imprudence, car Barras n'avait pas et ne devait point avoir des lettres de Louis XVIII.

Le moment est venu d'arrêter une funeste tendance à détruire tous les monumens historiques, comme si les peuples et les gouvernemens pouvaient se passer de la vérité; comme si l'antipathie que certains hommes montrent pour l'histoire ne devait point entraîner les conséquences les plus fâcheuses. Il est malheureusement trop de familles qui composant avec un pouvoir souvent susceptible et ombrageux, anéantissent pour lui complaire les documens les plus précieux qui peut-être eussent empêché bien des fautes, car le passé est la leçon de l'avenir, et les peuples, comme les individus, ont besoin d'expérience.

Par tous ces motifs,

Le conseil soussigné estime que c'est à tort et illégalement que les scellés ont été apposés sur les papiers de l'ex-directeur Paul Barras; que la levée, sans description, doit être ordonnée, et qu'en tout état de cause, opposition doit être faite à l'enlèvement de tous papiers, quels qu'ils soient, placés en ce moment sous scellés.

Fait et délibéré à Paris, le 9 février 1829, par l'avocat à la Cour royale soussigné,

PIERRE **GRAND**.

ADHÉSIONS.

Vu l'exposé des faits et la consultation qui précèdent, les soussignés sont d'avis que M. le juge-de-paix était sans droit ni qualité pour apposer les scellés au domicile de Barras, et que sur la demande judiciairement formée par la légataire universelle, la levée des scellés doit être ordonnée purement et simplement par M. le président du tribunal de première instance, ou sur son refus, par les magistrats supérieurs.

Quel est le fondement de la démarche faite par M. le juge - de - paix ? C'est que le défunt a été *dépositaire public*.

M. Pinart n'a pas agi comme commissaire administratif, en vertu d'une ordonnance royale, ainsi que M. le maître des requêtes de Rozières, en 1824, à l'époque du décès de M. le duc Cambacérès. Si l'impulsion est venue originairement de M. le comte de Peyronnet, par l'intermédiaire de M. le procureur du Roi Jacquinot-Pampelune, le juge-de-paix n'en a pas moins prétendu remplir un devoir à lui imposé par le droit commun, c'est-à-dire par l'art. 911, n°. 3, du Code de procédure.

Mais pour que cet article eût été applicable, il aurait fallu qu'au moment de son décès M. Barras eût été en *fonctions* de dépositaire public, car la loi dit : Si le *défunt était dépositaire*, et non pas *a été* dépositaire ; on conçoit en effet la nécessité où le législateur s'est trouvé d'autoriser la violation du secret des familles, lorsqu'il vient à s'ouvrir des droits au profit de l'état ou des tiers : mais quand les fonctions, qui donnent naissance à ce droit exorbitant, ont cessé depuis long-temps, quand l'état a dû et pu exercer librement sa juridiction, il n'y a plus même raison d'agir, autrement l'administration devrait requérir l'apposition des scellés au décès de tous ceux qui ont rempli des fonctions publiques, et prendre connaissance de leurs papiers de famille. C'est là une odieuse inquisition que rien n'autorise, et dont un acte inséré au *Bulletin des Lois* démontre l'illégalité.

Un sieur Teste ayant été destitué de ses fonctions de commissaire près les tribunaux de Vaucluse, et ayant emporté la correspondance qu'il avait tenue, et toutes les lettres qui étaient nécessaires pour suivre les erremens des affaires commencées, le Directoire décida, par un arrêté du 7 thermidor an IV (25 juillet 1796), que sommation serait faite au sieur Teste par son successeur, de remettre ces papiers, sinon qu'il serait dénoncé et poursuivi conformément aux dispositions du Code pénal.

L'art. 173 du Code actuel décerne la peine des travaux forcés contre tout juge, administrateur, fonctionnaire ou officier public qui aurait détruit, supprimé, *soustrait* ou *détourné* les actes et titres dont il était dépositaire en cette qualité, ou qui lui auraient été remis ou communiqués à raison de ces fonctions.

Certes, une pareille loi ne pèche pas par excès d'indulgence. Le gouvernement a droit de l'invoquer, mais les citoyens trouveront leur garantie dans l'indépendance des magistrats et dans l'impartialité du jury français.

Nulle invasion possible de l'administration ou de ses délégués; nulle attribution ne lui est faite pour décider du caractère des papiers.

La visite des papiers est licite, puisqu'il s'agit de la recherche d'un fait qualifié crime par nos lois; mais elle ne peut être ordonnée que par le juge d'instruction; celui-ci, quoique magistrat, n'est pas juge du caractère des pièces qu'il saisit à domicile : si le détenteur persiste à soutenir que ces pièces ne sont pas une propriété publique, la Chambre du conseil et la Chambre d'accusation peuvent lui donner raison, en mettant fin à la poursuite; s'il y a des circonstances assez graves pour qu'on préjuge le contraire, l'affaire est portée devant le jury.

Mais on le répète, aucune loi n'a donné à l'administration le droit de se faire justice à elle-même et de faire apposer le séquestre administratif sur les papiers de tous ceux qui ont exercé des emplois dans l'état. L'un des actes les plus répréhensibles, aux yeux de la loi, de la part du dernier ministère, est l'ordonnance du 24 mars 1824, contresignée Peyronnet, qui sur la dénonciation illégale du juge-de-paix, a ordonné que les pièces indiquées par le commissaire délégué (M. de Rozières) lui seront remises sans inventaires, de sorte que la question de propriété se trouvait ainsi tranchée par l'autorité arbitraire d'un ministre qui s'était réservé le jugement définitif.

Ce qu'il y eut de plus odieux encore, c'est que la justice fut dessaisie deux fois violemment par un conflit de l'appel que la partie intéressée avait porté devant

elle pour faire statuer sur les prétentions de l'administration. On lit dans le 2e. arrêté de conflit du 9
août 1824, élevé par M. le préfet de la Seine : « Que les
» questions de savoir quels sont, parmi les papiers lais-
» sés par M. de Cambacérès, les papiers d'état, et
» comment le triage doit en être fait, par qui leur
» nature doit être déterminée et à qui ils doivent être
» définitivement remis, sont des questions TELLEMENT
» ADMINISTRATIVES, qu'il est impossible de concevoir
» comment une autorité autre que l'autorité adminis-
» trative serait apte à connaître et à apprécier des pa-
» piers administratifs : que sous tous les régimes, soit
» avant, soit depuis la révolution, comme sous toutes
» les formes de gouvernement, les papiers d'état, au
» décès de chaque fonctionnaire administratif, ont
» constamment été réclamés et repris au nom de l'ad-
» ministration, dans l'intérêt public et par la voie admi-
» nistrative. »

Nous dirons à notre tour avec plus de vérité que la
question de savoir si des papiers sont administratifs, est
une question de propriété et par cela même tellement
judiciaire, que nous ne concevons pas comment une
autre autorité que les tribunaux serait apte à la décider
sur la revendication de l'autorité administrative, et que
sous tous les gouvernemens, soit avant, soit depuis la
révolution, on ne citerait pas un exemple de violation de
propriété et d'arbitraire semblable à celui de M. de
Peyronnet.

Qu'au moment du décès d'un fonctionnaire l'administration revendique les propriétés qui sont restées en
possession du défunt, et qu'elles soient remises à l'amiable

par les héritiers, sur une simple décharge, voilà ce qui se pratique tous les jours; mais qu'après dix, vingt ou trente ans de cessation de fonctions, l'administration vienne mettre le scellé en accusant ainsi indirectement le fonctionnaire d'avoir commis le crime de détournement puni par les lois anciennes et nouvelles, et qu'elle n'avait pas jusqu'alors poursuivi, c'est, nous le répétons, ce qui ne s'est jamais vu avant l'attentat commis au domicile de M. Cambacérès.

Nous venons de citer une décision du gouvernement lui-même, qui condamne la doctrine élevée par M. le préfet de la Seine, dans son arrêté de conflit, et certes elle est assez mémorable, assez officielle pour que le rédacteur de l'arrêté de conflit eût dû en parler. Puisque selon lui il y avait tant d'exemples de ces mains mises, il fallait en citer quelqu'un.

On a fait allusion à l'ancien régime. Eh bien! il existe dans l'ancien droit une seule ordonnance qui ait trait à la matière, c'est celle du 3 février 1731; elle a été faite pour réprimer l'abus dont nous avons été témoins dans l'affaire Cambacérès. Lorsque des militaires mouraient en activité de service, leurs créanciers étaient exposés à tout perdre, parce que les juges ordinaires n'ayant pas accès dans les places, n'y pouvaient faire mettre les scellés. C'est pour faire cesser ce conflit qui s'élevait alors entre les juges et les officiers des places, que cette ordonnance, après avoir dans son préambule signalé la question comme nous venons de la poser, a dit par son article premier:

« Lors du décès des gouverneurs, de nos lieutenans-
» généraux ou commandans pour nous dans nos provin-

» ces, gouverneurs ou commandans particuliers de nos
» villes et places, nos lieutenans en icelles, majors,
» aides-majors, capitaines des portes et autres officiers
» de l'état, majors de nosdites provinces et places,
» comme aussi des directeurs-généraux de nos fortifica-
» tions dans nosdites provinces, nos ingénieurs ayant des
» départemens fixes dans nos places, des lieutenans-
» généraux commissaires et gardes d'artillerie, demeurant
» dans les provinces et places de leur résidence, il sera
» procédé aux appositions et levées de scellés, et à la
» confection de l'inventaire des effets de leur succession,
» par les JUGES ORDINAIRES du lieu de leur résidence, à
» *l'exclusion* des majors ou aides-majors desdites places,
» et de tous autres officiers militaires, auxquels nous
» défendons très expressément de troubler lesdits juges
» dans la connaissance desdites successions, *sous quelque*
» *prétexte que ce puisse être.* »

Ainsi l'on voit déjà que cette disposition a eu pour objet de rendre aux magistrats un pouvoir usurpé par l'autorité militaire qui se croyait absolue dans le lieu de son commandement et sur les personnes de sa juridiction, et qu'elle ne s'appliquait qu'à certaines classes d'officiers, et à ceux qui mouraient en activité de service, par conséquent en possession *présumée* des papiers appartenant au service public.

L'art. 2 de cette ordonnance est relatif à ces papiers.

« Voulons cependant que lesdits juges soient tenus
» d'appeler le major ou aide-major de la place de la rési-
» dence de l'officier décédé, pour être présent à la levée du
» scellé, et que les chiffres-papiers, lettres et mémoires
» concernant notre service et les fonctions de la charge du

» défunt, qui se peuvent trouver sous lesdits scellés,
» soient remis, sans être inventoriés, auxdits major ou
» aide-major, pour être par lui envoyés au secrétaire-
» d'état ayant le département de la guerre. »

L'art. 6 porte : « Quant aux successions des officiers de
» nos troupes d'infanterie, cavalerie et dragons, qui
» viendront à décéder dans les places où ils *tiendront gar-*
» *nison*, ou par lesquelles ils passeront avec la troupe à
» laquelle ils seront attachés, des ingénieurs qui se trou-
» veront *employés* dans les places par *extraordinaire*, et
» sans y avoir un département fixe, et des officiers d'ar-
» tillerie qui n'y seront envoyés que par semestre, vou-
» lons que le scellé soit apposé sur les effets par les majors
» ou aides-majors de la place ; qu'il en soit par eux dressé
» inventaire et qu'il soit ensuite procédé à leur dili-
» gence, si besoin est, à la vente desdits effets, pour le
» prix en provenant être par eux distribué aux créanciers
» mobiliers du lieu de la garnison, et le surplus être
» remis par eux dans un coffre, ... jusqu'à réclamation
» des héritiers, sur lesquelles réclamations, demandes et
» contestations, formées en conséquence, il sera
» statué ainsi que de raison, par les juges auxquels la
» connaissance en appartiendra. »

Il est encore évident, d'après cette disposition, qu'il ne
s'agit que d'officiers morts en activité de service ; et comme
dans l'art. 2 il n'est pas dit qu'en cas de contestation sur
la propriété des papiers, les officiers de la place en seront
juges, et qu'il y a une disposition générale contraire dans
l'art. 6, il faut en conclure qu'alors les tribunaux étaient
les seuls juges du débat.

BIBLIOTHÈQUE ROYALE

C'est pourquoi le parlement ne fit aucune difficulté d'enregistrer cette ordonnance.

Il est, dit-on, impossible qu'il y ait d'autres juges que l'administration, du caractère des papiers.

C'est un principe certain, au contraire, que l'administration ne juge les difficultés qui s'élèvent entre elle et les citoyens que par exception, en vertu d'une disposition expresse de la loi. Tout ce qui n'est pas enlevé au droit commun appartient aux tribunaux.

De la défense intimée aux tribunaux de connaître des actes administratifs, il ne s'ensuit nullement que l'administration soit juge de la qualification de ceux dont on conteste le caractère administratif, surtout lorsque l'administration a repris possession de l'emploi sans rien réclamer. Il est défendu aux administrations, sous peine de forfaiture, de s'immiscer dans le domaine des tribunaux : or toutes les questions de propriété sont du ressort de la justice ordinaire, et les défenseurs de la voie de fait commise sur la succession Cambacérès, n'ont pu trouver aucune loi qui conférât à l'administration le droit de main-mise provisoire et de jugement définitif que l'ordonnance du 24 mars 1824 avait donné à M. de Peyronnet.

Pour valider le conflit du mois d'août 1824, le Conseil d'alors, par l'ordonnance du 17 novembre, au rapport de M. Feutrier, a décidé que la question devait être jugée administrativement, non par la raison que le Préfet de la Seine trouvait victorieuse et sans réplique, mais par le motif unique qu'il s'agissait de statuer sur des difficultés élevées sur l'exécution de l'ordonnance du 24 mars, *lesquelles dès-lors rentrent dans la compétence de l'autorité administrative.*

D'après cette doctrine, pour créer une compétence illimitée à l'administration, pour dessaisir les tribunaux des questions de propriété qui sont de leur ressort, il ne s'agirait donc que de faire un bout d'ordonnance, à la manière de M. le comte de Peyronnet ; c'est ainsi, au reste, que Napoléon en a usé depuis qu'il avait pris la couronne impériale ; c'est ainsi qu'au moyen des conflits et des décrets qui ont porté le désordre dans toutes les parties de la législation, il avait successivement restreint les attributions des tribunaux, et avait fini par usurper la puissance législative tout entière. Le gouvernement royal a suivi quelque tems les mêmes erremens, à l'époque où les principes de notre droit public n'étaient pas encore généralement compris. Mais à l'époque où le ministère Peyronnet se permit de créer pour lui une législation qui n'existait pas encore, ces principes étaient trop bien compris, pour que tout le monde n'ait pas été révolté de cet arbitraire et des sophismes par lesquels on a essayé, mais en vain, de le justifier.

L'arrêté consulaire du 3 janvier 1802 (13 nivôse, an X), relatif à l'apposition des scellés après le décès des officiers-généraux, est un acte de ce genre. Il a étendu aux officiers *retirés du service*, la disposition de l'art. 2 de l'ordonnance de 1731 ; et par l'art. 3 de cet arrêté, il a donné à l'officier chargé d'assister à la levée des scellés, le droit de juger provisoirement le caractère des papiers et de se les faire remettre ; le jugement définitif a été réservé au ministre de la guerre. M. le comte de Peyronnet a cru qu'il lui était permis de faire, dans l'ordre civil, ce qui n'avait encore été établi que dans l'ordre militaire, et de-là l'ordonnance du 24 mars 1824.

Cette ordonnance et l'arrêté consulaire de 1802 ne sont ni l'un ni l'autre une loi de l'état, mais de simples actes du gouvernement, et rien n'empêche d'en contester la légalité devant les tribunaux. Au reste, l'ordonnance du 24 mars 1824 est uniquement relative aux papiers de Cambacérès, et n'a point été insérée au *Bulletin des Lois*. Quant à l'arrêté consulaire, si l'on prétendait qu'il a obtenu, par l'art. 78 de la Charte, une autorité législative qu'il n'avait pas auparavant, en ce qu'il ajoute à l'ordonnance de 1731, seule obligatoire pour les tribunaux, la consultante a droit d'en récuser l'application.

L'apposition des scellés a été faite au domicile de Paul Barras, non pas à raison de sa qualité de militaire (il était officier-général en retraite), mais en sa qualité d'ancien membre du Directoire exécutif. Si, en cette qualité, il était demeuré dépositaire de papiers qui fussent réellement la propriété de l'état (et telles ne seraient pas assurément les lettres qui lui auraient été adressées par S. M. Louis XVIII, à l'époque où ce prince n'était pas encore rentré dans l'exercice de sa souveraineté), c'était au gouvernement qui a succédé au Directoire à lui faire sommation de réintégrer ces papiers dans les archives de l'état, comme le Directoire l'a fait lui-même à l'égard du sieur Teste, en 1796. Si les consuls ont gardé le silence (et quel gouvernement fut jamais plus jaloux de ses attributions !) ne faut-il pas en conclure qu'il y a présomption que Barras n'était resté investi d'aucune pièce intéressant le service de l'état ? autrement le ministère public aurait forfait à ses devoirs, en ne requérant pas des poursuites devant les magistrats établis, conformément au Code pénal. Cette présomption est légale, puisqu'elle dérive tout-à-la-fois du silence du ministère public et du gouvernement intéressé, et de l'arrêté du 7 thermidor, an IV. Cet arrêté a plus d'autorité, dans la cause, que l'arrêté consulaire de 1802, puisqu'il est spécial pour les fonctionnaires civils, et que l'arrêté de 1802 ne concerne que les autorités militaires.

La présomption dont nous parlons se fortifie encore de cette considération si grave, c'est qu'il existait alors un dépôt central des actes du directoire exécutif; à ces actes sont annexés les pièces et rapports adressés aux membres du Directoire. On peut les voir aux Archives du Louvre qui sont sous la garde de M. Bary et sous l'autorité de Monseigneur le gardé-des-sceaux.

Il en serait autrement peut-être pour les ministres actuels qui, en qualité de secrétaires-d'état, conservent dans leurs mains les minutes des ordonnances et autres actes du gouvernement.

Mais cette circonstance n'existait pas sous l'administration de Barras ; aussi malgré l'éloignement et l'espèce d'aversion que Bonaparte nourrit dans la suite contre son protecteur, n'éleva-t-il contre lui sous ce rapport aucune réclamation : et c'est aujourd'hui, après plus de trente ans de cessation de ses fonctions publiques, que M. le juge-de-paix, porteur d'une mission émanée de M. le comte de Peyronnet, hors le cas prévu par l'article 911 du Code de procédure civile et l'arrêté du 3 janvier 1802, contre tous les principes de la propriété, a envahi le domicile d'un citoyen et qu'il a mis le séquestre sur ses papiers.

Les légataires de ce haut fonctionnaire se doivent de réclamer par tous les moyens légaux contre un acte dont le caractère évident est de flétrir sa mémoire en supposant qu'il a distrait des papiers publics. Oui, l'acte de M. le juge-de-paix est une accusation de détournement de papiers d'état, ce fait est qualifié crime par le Code pénal. Le représentant de M. Barras est donc fondé non-seulement à demander par voie de référé à M. le président du tribunal civil la main-levée pure et simple de l'acte d'apposition de scellés, mais encore une juste réparation.

Un conflit n'est point à craindre aujourd'hui, car il n'existe pas d'ordonnance spéciale sur laquelle le conseil-d'état pourrait le valider. D'un autre côté, M. le préfet de la Seine sera dans l'impossibilité de satisfaire à la nouvelle ordonnance sur les conflits, qui veut la citation du texte de la loi qui autorise la revendication administrative.

En un mot, pour opérer le séquestre administratif (et le scellé de M. le juge-de-paix n'est pas autre chose), il faut une loi précise et non de trompeuses inductions, laborieusement tirées d'actes qui n'ont jamais eu le caractère de loi.

Cette loi n'existe pas, car l'article 911 du Code de procédure civile qu'on invoque ne saurait être appliqué à l'espèce.

Délibéré à Paris, le 10 février 1829.

ISAMBERT.

Nous adhérons aux principes exprimés ci-dessus.

CH. RENOUARD, BARTHE.

J'adhère pareillement. Le scellé apposé après le décès de M. Barras est illégal, n'ayant pu être requis par l'autorité en exécution de l'article 911 du Code de procédure civile, puisqu'il n'existe ni mineur, ni absent, parmi les ayant-droits ; et que le défunt n'était point, et n'avait même jamais été dépositaire public. L'ordre émané d'un ancien ministre, qui avait cessé de l'être long-temps avant le scellé, a d'autant moins pu autoriser cet acte illégal, que les deux motifs qu'il exprime sont inadmissibles et dérisoires. Le premier, relatif aux papiers du gouvernement, n'est qu'un prétexte vague et ridicule. De quels papiers entend-on parler ? Comment supposer que M. Barras, qui n'a point été dépositaire public, et qui n'a rempli aucune fonction publique depuis trente ans, c'est-à-dire depuis qu'il a abdiqué la dignité directoriale, soit resté nanti des papiers du gouvernement ! Sans doute des papiers intéressant le gouvernement ont dû passer sous ses yeux tandis qu'il exerçait la magistrature suprême ; mais ils n'ont pu rester en son pouvoir, puisqu'il n'avait ni dépôt, ni bureau, ni portefeuille. Si le ministre avait eu réellement connaissance, en juillet 1825, que M. Barras était rétentionnaire de papiers intéressant le gouvernement, pourquoi ne les aurait-il pas dès-lors réclamés ? Pourquoi aurait-il gardé le silence pendant quatre ans ? Pourquoi attendre le décès de M. Barras ? Ce premier motif n'est qu'un prétexte évident imaginé à cette époque pour exercer une sorte d'inquisition dans les papiers de M. Barras après son décès. Le second motif, qui paraît plus sérieux, puisqu'il est dit dans l'ordre, *notamment la correspondance*, est plus ridicule encore. En supposant que M. Barras eût eu l'honneur de correspondre avec *Louis XVIII*, les lettres qu'il aurait reçues seraient sa propriété. De quel droit le ministre prétendrait-il les revendiquer? Sur quelle loi pourrait-il étayer une pareille réclamation. Des lettres autographes des rois adressées à des particuliers deviennent des titres de famille. Si nul n'a le droit de revendiquer ni de rechercher cette correspondance, elle n'a pu légitimer le scellé. L'administration actuelle, qui se propose de rétablir l'ordre légal, ne saurait adopter l'ordre signé Peyronnet, ordre évidemment arbitraire, ni y donner suite, sans jeter l'inquiétude et l'épouvante parmi tous ceux qui ont exercé à une époque quelconque des fonctions publiques, puisque leurs successions seraient exposées à de pareilles investigations. Nul doute, par conséquent, que madame Barras ne soit bien fondée à se pourvoir devant l'autorité judiciaire, seule compétente pour faire cesser un pareil attentat; et à demander que le scellé soit levé sans description, en conformité de l'article 940 du Code de procédure civile.

BOURGUIGNON,

CHAIX-D'EST-ANGE, F. NICOD, JOS. MÉRILHOU.

L'apposition des scellés au domicile du général Barras ne saurait être motivée sur le prétendu ordre dont le juge-de-paix se trouvait porteur ; puisque le ministre duquel émanait cet ordre, avait cessé ses fonctions depuis long-temps, et que dès-lors ses décisions ou ses arrêtés ne peuvent être aujourd'hui obligatoires pour aucun membre de l'autorité judiciaire. Sous ce seul point de vue, on peut se dispenser d'établir l'illégalité de l'ordre en lui-même, qui ne saurait être révoquée en doute.

M. le juge-de-paix Pinart doit donc être considéré comme ayant agi d'office ; et à cet égard, je pense qu'il a commis un excès de pouvoir manifeste, puisque les scellés ne peuvent être apposés d'office par le juge-de-paix, *dans l'intérét privé*, qu'en cas d'absence ou de minorité des présomptifs héritiers ou de quelques-uns d'entr'eux ; et *dans l'intérét public*, que si le défunt était *dépositaire public*.

Il est évident que cette qualité n'appartenait pas au général Barras ; et dès-lors, sans qu'il soit nécessaire de recourir à quelques actes isolés de l'ancien gouvernement, dont la légalité pourrait être contestée avec avantage ; et qui, dans tous les cas, se trouveraient ici sans application, on peut se borner à invoquer l'art. 911 du Code de procédure, pour faire ordonner en référé la levée des scellés sans description ; sauf aux parties intéressées à former par action principale toute demande en dommages-intérêts contre le juge-de-paix qui a illégalement procédé à l'apposition des scellés.

Délibéré à Paris, ce 11 février 1829.

COFFINIÈRES.

Le soussigné adhère aux résolutions de ses confrères. — Trois questions sont à examiner : l'une de forme, l'autre de compétence, la troisième de propriété. 1º. Les scellés ont-ils été légalement apposés ? 2º. Quelle autorité est compétente pour prononcer sur les droits respectivement prétendus par l'État et par les héritiers ? 3º. Quels sont ces droits ? 1º. Les scellés ne sont qu'une mesure conservatoire : il ne faut pas les confondre avec la main-mise ou la confiscation, qui sont attributives du droit. Les scellés ne préjugent pas le fond du droit; il suffit souvent d'une prétention pour les requérir (art. 409 du Cod. de proc. civ.). Mais le créancier ou prétendant droit qui veut mettre ainsi à couvert l'objet sur lequel il élève une prétention, doit d'après le §. 2 de cet article, lorsqu'il n'a pas de titre exécutoire, y suppléer par la permission du juge. Voilà le droit commun. Une exception y a été portée dans l'art. 911 ; c'est pour le cas où le défunt *était dépositaire public*. Dans ce cas, les scellés non-seulement peuvent être requis, mais ils doivent être apposés d'office par le juge-de-paix. Cette exception, motivée sur la *qualité actuelle* du défunt, au moment du décès, ne pourrait être étendue au cas où le défunt aurait été dépositaire à une époque quelconque de sa vie, mais avait cessé de l'être avant son décès, 1°. parce que la lettre de l'article suppose simultanéité entre la qualité de dépositaire public et la mesure qu'elle nécessite ; 2°. parce que cette simultanéité seule rend l'obligation du défunt et les droits de l'État certains, et assimile ce dernier au créancier ayant titre exécutoire ; 3°. parce que tout fonctionnaire ou agent (et le nombre en est grand en France) ayant pu être dépositaire public, étendre à tous ceux qui ont eu une fonction quelconque dans leur vie l'art. 911, ce serait en quelque sorte faire d'une disposition toute spéciale et exorbitante du droit commun une disposition générale, et qui menacerait tous les citoyens à-peu-près indistinctement. Quant aux arrêtés ou règlemens spéciaux, ceux antérieurs au Code de procédure sont venus se fondre dans la disposition de l'art. 911 qui a réglé la matière. Ceux postérieurs n'ont pu étendre une disposition du droit civil ; faits d'ailleurs pour des cas spéciaux, ils sont étrangers au cas qui nous occupe. — Ainsi, sur cette première question : oui les scellés ont pu être requis et apposés pour la conservation des droits prétendus par l'État, mais avec la permission du juge ; non, ils n'ont pu l'être d'office et sans cette permission préalable. 2º. La question de compétence nous parait résolue, par cela seul qu'on ne cite aucune disposition légale qui attribue à une juridiction exceptionnelle la connaissance du débat qui peut s'élever entre l'état et un tiers sur la propriété de tels ou tels titres, telles ou telles pièces. Il est de principe que tout ce qu'une loi formelle n'a pas enlevé à la juridiction ordinaire lui appartient de droit. — Au reste, si des doutes pouvaient s'élever sur cette question, alors que le débat s'élève entre l'état et un fonctionnaire encore revêtu d'un caractère public, à raison de ce que des relations de service et de subordination toujours subsistantes sembleraient ne pouvoir être réglées par les tribunaux, ces doutes nous paraissent complètement s'évanouir lorsque la partie contendante avec l'état est rentrée dans la classe commune des citoyens. Dans ce cas, la question de propriété ne se trouvant plus liée à l'ordre de service actif ni à la subordination administrative, la compétence administrative ne pourrait plus trouver dans la nature des choses une sanction qu'elle ne trouve pas dans un texte précis de loi. Le précédent qui a eu lieu à l'occasion de la succession Cambacérès étant une mesure spéciale et pour un cas déterminé, ne peut pas être pris pour une règle de compétence générale, surtout dans nos institutions où l'acte d'un ministre ne peut engager, par une sorte de prorogation tacite, la responsabilité des ministres suivans.

3º. Sur le droit, au fond : — Il nous paraît incontestable que tout fonctionnaire ou agent qui a pu en cette qualité se trouver saisi de papiers d'État, tels que pièces officielles, documens publics, et généralement tous actes qui appartiennent à la fonction et non à l'individu (nous ne rangeons pas dans cette classe les lettres de Louis XVIII à Barras, qui certes n'avaient rien d'officiel), ne peut se les approprier ; il en doit compte. Cette obligation, lorsqu'il ne l'a pas remplie à la cessation de ses fonctions, survit à ces fonctions elles-mêmes, car aucune loi n'a établi pour cette espèce de dépôt le mode de décharge officielle et légale adopté à l'égard des comptables. Mais cette obligation est-elle indéterminée ? Le soussigné ne le pense pas. Cette obligation est susceptible, comme toute obligation, de la prescription trentenaire, aux termes de l'art. 2262 Cod. civ., qui porte que toutes actions, tant réelles que personnelles, sont prescrites par trente ans. Cette prescription a été réduite à cinq ans pour les titres dont les juges ou avoués peuvent être dépositaires ; mais, à défaut d'une disposition semblable, l'obligation des autres détenteurs de titres tombe sous la disposition générale de cet article 2262. Vainement objecterait-on qu'il s'agit de choses qui ne sont pas dans le commerce, et qui par cela même sont imprescriptibles. La prescription n'est pas opposée pour s'approprier tel ou tel objet déterminé, mais pour repousser une action à laquelle se rattache un prétendu droit d'investigation. Or, toute action quelconque, au bout de trente ans, est éteinte. Dans l'espèce, plus de trente ans se sont écoulés depuis que Barras avait cessé d'être fonctionnaire, depuis que la possession qu'il pouvait avoir de titres publics était intervertie, et qu'il ne

pouvait plus les posséder qu'à titre de propriétaire. Plus de
trente ans s'étaient donc écoulés depuis qu'était née l'obligation pour lui de rendre compte du dépôt qui lui avait
été confié ; cette obligation était éteinte ; dès-lors plus
d'action possible de la part de l'État ; dès-lors aussi, plus
même de prétexte à la mesure conservatoire des scellés.
Cette mesure nous paraît donc, sous tous ces rapports,
illégale. Il n'appartient pas au jurisconsulte de décider à
quel ministère la responsabilité de cette illégalité appartient.

Délibéré à Paris, le 12 février 1829.

ODILON-BARROT.

Le soussigné estime que les faits qui ont donné lieu à la
Consultation ci-dessus, révèlent un acte odieux, un véri-
table attentat contre la propriété : la discussion légale le
démontre surabondamment. Ces faits sont même du nombre de ceux qui semblent éloigner toute discussion ; l'arbitraire est trop facilement écrasé par la logique. Dans
certains cas, la science du jurisconsulte peut faire place à
la conscience du citoyen, et il est des questions que l'on
résout non moins bien avec le texte des lois qu'avec l'opinion publique.

FRANQUE.

L'apposition des scellés est une mesure conservatoire,
mais non purement conservatoire, comme le serait une
inscription hypothécaire, car elle suspend l'exercice du

droit de propriété; elle frappe le propriétaire d'une sorte d'interdit; elle lui enlève momentanément la disposition de sa chose pour la mettre en sequestre sous la main de la justice. La loi a donc dû régler les cas dans lesquels cette apposition peut avoir lieu. L'art. 911 du Code de procédure prévoit ceux dans lesquels les scellés peuvent être apposés *d'office* sur une succession : il est d'autres cas où l'apposition peut s'opérer à la requête d'une partie quelconque.

Ici, le scellé peut-il être considéré comme apposé d'office? Non, puisque les parties ne se trouvent dans aucun des cas spécifiés par l'art. 911. L'est-il à la requête d'une partie? Quelle est cette partie? Le ministère public? Comme surveillant des intérêts civils, son intervention est également limitée aux trois cas de l'art. 911 : Comme exerçant l'action publique, il faudrait qu'on justifiât d'une plainte, d'un réquisitoire à fin de poursuite, d'une ordonnance de juge-instructeur; rien de tout cela n'existe, nul délit n'est même articulé, nul ne pourrait l'être, puisque, si M. Barras eût détourné des papiers appartenant à l'état, pendant l'exercice de ses fonctions publiques, la prescription lui serait depuis long-temps acquise, aux termes des art. 637 et suivans du Code d'instruction criminelle, et que d'ailleurs, la mort de l'auteur du fait éteint l'action publique. Serait-ce l'état lui-même qui serait partie réclamante? Mais l'état n'est point ici représenté; il ne pourrait l'être que par le préfet, et le préfet n'est point en cause; il n'a paru en aucune façon dans l'affaire. Il ne suffirait pas même que l'état fût représenté; il faudrait qu'il eût formé ou annoncé expressément l'intention de former une demande en revendication d'objets par lui spécifiés ou au moins renseignée approximativement; que, sur cette demande, il eût présenté requête au juge civil; que ce juge l'eût répondue par une ordonnance à fin d'apposition de scellés. Rien de tout cela n'ayant eu lieu, il faut dire qu'il n'y a point de scellé légal, et que main-levée doit en être faite à toute réquisition.

Par ces motifs, et adhérant d'ailleurs aux considérations solides présentées par ses confrères, le soussigné se réunit complètement à leur opinion.

Paris, 12 février 1829.

BERVILLE.

Le soussigné, adhère aux principes développés dans la consultation qui précède, sans s'occuper en aucune manière de tout ce qui peut se rapporter aux personnes; il fera même les additions suivantes à ce développement de doctrines qui tendent à faire respecter tout ce qu'il y a au monde de plus sacré : l'asile et les secrets des familles.

L'ordonnance royale du 1er. mars 1768 voulait que les scellés fussent apposés sur les papiers des généraux et autres officiers employés par lettres de service, et que ceux de ces papiers qui concerneraient le service du Roi, fussent remis au successeur du défunt ou envoyés au secrétaire-d'état, ayant le département de la guerre.

Ainsi, cette ordonnance s'appliquait, seulement, aux généraux et officiers qui mouraient dans l'exercice de leurs fonctions.

L'arrêté des consuls du 13 nivôse an X, porte : « Après le décès des officiers-généraux ou supérieurs de toute arme, ou » commissaires-ordonnateurs, des inspecteurs aux revues et des » officiers de santé en chef des armées, *retirés* ou en activité de » service, les scellés seront apposés sur leurs papiers, cartes, » plans et mémoires militaires. »

Cette disposition comprend les généraux et autres officiers en activité et même ceux retirés.

On pourrait avec fondement soutenir que l'arrêté des consuls est *un simple règlement* qui n'a pu déroger à une ordonnance rendue sous l'ancienne législation et qui avait force de loi.

Mais il n'est pas besoin de recourir à cet argument. L'arrêté ne pourrait recevoir d'application sous le prétexte que Barras avait occupé le grade de général. Il y a plus de 30 ans qu'il avait été l'un des directeurs du gouvernement. Si quelques obligations étaient attachées à la qualité de général il devait être censé les avoir remplies envers le gouvernement dont il avait été membre ; depuis qu'il s'était trouvé au faite du pouvoir, il n'avait exercé aucunes fonctions, il n'avait pas repris de service comme général. On ne pouvait donc pas supposer qu'en raison de ce qu'il avait été général, avant d'être directeur de la république, il fût dépositaire des papiers concernant l'état.

L'art. 911 du Code de procédure civile est assez d'accord avec l'ordonnance de 1768, puisque, d'après ce Code, il n'y a lieu à l'apposition des scellés, que lorsque le défunt était dépositaire public et que l'ordonnance ne regardait comme dépositaires publics que les généraux et autres officiers qui décédaient pendant l'exercice de leurs fonctions, ou le temps de leur activité de service.

On ne peut, assurément, pas justifier l'apposition des scellés par l'art. 911 uniquement applicable aux dépositaires publics, puisque le dernier titre de Barras avait été celui de directeur, et que cette éminente qualité ne l'avait rendu ni fonctionnaire public, ni dépositaire public. On devait d'autant plus s'interdire l'apposition des scellés, que depuis que le défunt avait cessé d'être gouvernant, il s'était écoulé plus de 30 ans, et que plusieurs gouvernemens s'étaient succédé sans que de son vivant on l'eût regardé comme dépositaire de papiers concernant l'état, et sans que jamais il eût été interpellé ou mis en demeure de les restituer.

Il y a donc lieu à la levée des scellés, et le gouvernement s'empressera, sans doute, de faire réparer l'erreur grave commise en les apposant.

Délibéré à Paris, le 13 février 1829.

ROUTHIER,
Avocat à la Cour de Cassation.

IMPRIMERIE PIHAN DELAFOREST (MORINVAL),
RUE DES BONS-ENFANS, N. 34.

www.ingramcontent.com/pod-product-compliance
Lightning Source LLC
Chambersburg PA
CBHW061648050726

47598CB00004B/1500